사랑을 쓰다

사랑을 쓰다

지은이 | 구경선
구성 | 편집부
초판 발행 | 2021. 4. 7
2쇄 | 2021. 5. 28
등록번호 | 제1988-000080호
등록된 곳 | 서울특별시 용산구 서빙고로65길 38
발행처 | 사단법인 두란노서원
영업부 | 2078-3352   FAX | 080-749-3705
출판부 | 2078-3331

책값은 뒤표지에 있습니다.
ISBN 978-89-531-3982-4 03230

독자의 의견을 기다립니다.
tpress@duranno.com   www.duranno.com

하나님의 말씀은 살아 있고 힘이 있으며
양날 선 어떤 칼보다도 더 예리해
혼과 영과 관절과 골수까지 찔러 쪼개기까지 하며
마음의 생각과 의도를 분별해 냅니다.

히 4:12, 우리말성경

이름 :
시작한 날짜 :

"하나님은 사랑이시라"(요일 4:16). 사랑은 하나님의 속성이며 하나님 그 자체입니다. 하나님이 누구신지 알고 싶을 때 꼭 한번 적어 보세요. "네 이웃을 네 몸과 같이 사랑하라"(마 22:39). 하나님이 말씀하신 사랑이 무엇인지, 사랑이 우리의 삶을 얼마나 풍성하게 하는지, 내가 어떤 사랑을 하고 싶은지 알고 싶을 때 꼭 한번 펼쳐 보세요.

성경을 쓰는 것은 하나님의 말씀을 곱씹으며 읽겠다는 다짐과 하나님의 마음에 가까이 가겠다는 작은 노력입니다. 성경을 한 자 한 자 써 내려가면서 내 안의 사랑을 채워가 보세요. 말씀을 찬찬히 따라 쓰는 동안 더 깊이 사랑하게 될 것입니다. 사랑을 쓰다 보면 사랑을 더 오래 묵상하게 되고 시간을 들여 묵상하다 보면 우리의 마음 깊은 곳에 하나님의 사랑이 있음을 알게 됩니다.

사랑을 쓰면서 사랑이신 하나님을 닮아가기를 구해 보세요. 하나님께서 주님의 사랑을 내 안에 가득 부어주실 것입니다. 부어 주신 사랑을 한 자 한 자 기록해 보세요. 사랑의 말씀이 우리의 사랑을 더욱 견고하게 하고 울타리를 넘어 주변까지 흘러가 더욱 아름답게 변화시킬 것입니다.

○ 말씀을 쓰기 전 기도로 시작해요. 단순히 성경을 따라 쓰는 행위로 끝나는 것이 아니라 그 시간을 오롯이 말씀에만 집중할 수 있도록 성령님께 구해요.

○ 매 장 도입부에는 각 성경에 대한 설명이 들어 있어요. 성경이 쓰이게 된 배경과 성경이 말씀하고자 하는 주제를 파악하는 데 도움이 돼요.

○ 말씀을 눈으로 보며 입술로 따라 읽고, 손으로 적어요. 한 자 한 자 적어 내려가면서 오늘 나에게 주실 말씀에 집중해요.

○ 적은 내용을 묵상하며 오늘 나에게 주신 말씀을 삶에 어떻게 적용할 수 있을지를 함께 적어도 좋아요.

○ 오늘 묵상한 내용을 바탕으로 말씀 그대로 역사하실 하나님을 기대하며 기도로 마무리해요.

○ 한 장 쓰기가 끝나면 묵상 나눔을 돕는 여러 질문들로 묵상을 하고 공동체와 나눌 수 있어요.

○ 책 뒤의 스티커를 활용하여 나만의 말씀 묵상 카드를 만들어 보세요.

Contents

1장

사랑에 말씀을 더하다

하나님은 천지를 창조하시고 자신의 형상대로 사람을 만드셨습니다. 그리고 사람에게 창조 세계를 선물로 주셨습니다. 창조하신 세상은 하나님이 보시기에 심히 좋았습니다. 특별히 사람은 하나님이 주신 돕는 배필과 함께 하나님의 뜻에 순종하여 세상을 사랑하고 다스리며 안식을 누리게 되었습니다. 창세기 1-2장을 쓰면서 하나님이 어떤 분인지를 묵상해 보세요. 그리고 이 세상과 이 세상에 속한 우리를 얼마나 사랑하시는지 하나님의 마음을 느껴 보세요.

◇ **01.** 태초에 하나님이 천지를 창조하시니라

◇ **02.** 땅이 혼돈하고 공허하며 흑암이 깊음 위에 있고 하나님의 영은 수면 위에 운행하시니라

◇ **03.** 하나님이 이르시되 빛이 있으라 하시니 빛이 있었고

◇ **04.** 빛이 하나님이 보시기에 좋았더라 하나님이 빛과 어둠을 나누사

◇ **05.** 하나님이 빛을 낮이라 부르시고 어둠을 밤이라 부르시니라 저녁이 되고 아침이 되니 이는 첫째 날이니라

◇ **06.** 하나님이 이르시되 물 가운데에 궁창이 있어 물과 물로 나뉘라 하시고

◇ **07.** 하나님이 궁창을 만드사 궁창 아래의 물과 궁창 위의 물로 나뉘게 하시니 그대로 되니라

◇ **08.** 하나님이 궁창을 하늘이라 부르시니라 저녁이 되고 아침이 되니 이는 둘째 날이니라

◇ **09.** 하나님이 이르시되 천하의 물이 한 곳으로 모이고 뭍이 드러나라 하시니 그대로 되니라

◇ **10.** 하나님이 뭍을 땅이라 부르시고 모인 물을 바다라 부르시니 하나님이 보시기에 좋았더라

◇ **11.** 하나님이 이르시되 땅은 풀과 씨 맺는 채소와 각기 종류대로 씨 가진 열매 맺는 나무를 내라 하시니 그대로 되어

◇ **12.** 땅이 풀과 각기 종류대로 씨 맺는 채소와 각기 종류대로 씨 가진 열매 맺는 나무를 내니 하나님이 보시기에 좋았더라

◇ **13.** 저녁이 되고 아침이 되니 이는 셋째 날이니라

◇ **14.** 하나님이 이르시되 하늘의 궁창에 광명체들이 있어 낮과 밤을 나뉘게 하고 그것들로 징조와 계절과 날과 해를 이루게 하라

◇ **15.** 또 광명체들이 하늘의 궁창에 있어 땅을 비추라 하시니 그대로 되니라

◇ **16.** 하나님이 두 큰 광명체를 만드사 큰 광명체로 낮을 주관하게 하시고 작은 광명체로 밤을 주관하게 하시며 또 별들을 만드시고

◇ **17.** 하나님이 그것들을 하늘의 궁창에 두어 땅을 비추게 하시며

◇ **18.** 낮과 밤을 주관하게 하시고 빛과 어둠을 나뉘게 하시니 하나님이 보시기에 좋았더라

◇ **19.** 저녁이 되고 아침이 되니 이는 넷째 날이니라

◇ **20.** 하나님이 이르시되 물들은 생물을 번성하게 하라 땅 위 하늘의 궁창에는 새가 날으라 하시고

◇ **21.** 하나님이 큰 바다 짐승들과 물에서 번성하여 움직이는 모든 생물을 그 종류대로, 날개 있는 모든 새를 그 종류대로 창조하시니 하나님이 보시기에 좋았더라

◇ **22.** 하나님이 그들에게 복을 주시며 이르시되 생육하고 번성하여 여러 바닷물에 충만하라 새들도 땅에 번성하라 하시니라

◇ **23.** 저녁이 되고 아침이 되니 이는 다섯째 날이니라

◇ **24.** 하나님이 이르시되 땅은 생물을 그 종류대로 내되 가축과 기는 것과 땅의 짐승을 종류대로 내라 하시니 그대로 되니라

◇ **25.** 하나님이 땅의 짐승을 그 종류대로, 가축을 그 종류대로, 땅에 기는 모든 것을 그 종류대로 만드시니 하나님이 보시기에 좋았더라

◇ **26.** 하나님이 이르시되 우리의 형상을 따라 우리의 모양대로 우리가 사람을 만들고 그들로 바다의 물고기와 하늘의 새와 가축과 온 땅과 땅에 기는 모든 것을 다스리게 하자 하시고

◇ **27.** 하나님이 자기 형상 곧 하나님의 형상대로 사람을 창조하시되 남자와 여자를 창조하시고

◇ **28.** 하나님이 그들에게 복을 주시며 하나님이 그들에게 이르시되 생육하고 번성하여 땅에 충만하라, 땅을 정복하라, 바다의 물고기와 하늘의 새와 땅에 움직이는 모든 생물을 다스리라 하시니라

◇ **29.** 하나님이 이르시되 내가 온 지면의 씨 맺는 모든 채소와 씨 가진 열매 맺는 모든 나무를 너희에게 주노니 너희의 먹을 거리가 되리라

◇ **30.** 또 땅의 모든 짐승과 하늘의 모든 새와 생명이 있어 땅에 기는 모든 것에게는 내가 모든 푸른 풀을 먹을 거리로 주노라 하시니 그대로 되니라

◇ **31.** 하나님이 지으신 그 모든 것을 보시니 보시기에 심히 좋았더라 저녁이 되고 아침이 되니 이는 여섯째 날이니라

Sharing together

■ 성경을 쓰면서 가장 마음에 와닿았던 말씀은 무엇인가요?

■ "보시기에 좋았더라"는 하나님의 말씀에서 어떤 마음이 느껴지나요?
  하나님은 오늘 나의 모습을 보고 여전히 "보기에 좋구나"라고 말씀하실까
  요? 하나님의 변함없는 사랑에 귀기울여 보세요.

◇ **01.** 천지와 만물이 다 이루어지니라

◇ **02.** 하나님이 그가 하시던 일을 일곱째 날에 마치시니 그가 하시던 모든 일을 그치고 일곱째 날에 안식하시니라

◇ **03.** 하나님이 그 일곱째 날을 복되게 하사 거룩하게 하셨으니 이는 하나님이 그 창조하시며 만드시던 모든 일을 마치시고 그 날에 안식하셨음이니라

◇ **04.** 이것이 천지가 창조될 때에 하늘과 땅의 내력이니 여호와 하나님이 땅과 하늘을 만드시던 날에

◇ **05.** 여호와 하나님이 땅에 비를 내리지 아니하셨고 땅을 갈 사람도 없었으므로 들에는 초목이 아직 없었고 밭에는 채소가 나지 아니하였으며

◇ **06.** 안개만 땅에서 올라와 온 지면을 적셨더라

◇ **07.** 여호와 하나님이 땅의 흙으로 사람을 지으시고 생기를 그 코에 불어넣으시니 사람이 생령이 되니라

◇ **08.** 여호와 하나님이 동방의 에덴에 동산을 창설하시고 그 지으신 사람을 거기 두시니라

◇ **09.** 여호와 하나님이 그 땅에서 보기에 아름답고 먹기에 좋은 나
무가 나게 하시니 동산 가운데에는 생명 나무와 선악을 알게
하는 나무도 있더라

◇ **10.** 강이 에덴에서 흘러 나와 동산을 적시고 거기서부터 갈라져
네 근원이 되었으니

◇ **11.** 첫째의 이름은 비손이라 금이 있는 하윌라 온 땅을 둘렀으며

◇ **12.** 그 땅의 금은 순금이요 그 곳에는 베델리엄과 호마노도 있으며

◇ **13.** 둘째 강의 이름은 기혼이라 구스 온 땅을 둘렀고

◇ **14.** 셋째 강의 이름은 힛데겔이라 앗수르 동쪽으로 흘렀으며 넷째
강은 유브라데더라

◇ **15.** 여호와 하나님이 그 사람을 이끌어 에덴 동산에 두어 그것을
경작하며 지키게 하시고

◇ **16.** 여호와 하나님이 그 사람에게 명하여 이르시되 동산 각종 나
무의 열매는 네가 임의로 먹되

◇ **17.** 선악을 알게 하는 나무의 열매는 먹지 말라 네가 먹는 날에는
반드시 죽으리라 하시니라

◇ **18.** 여호와 하나님이 이르시되 사람이 혼자 사는 것이 좋지 아니
하니 내가 그를 위하여 돕는 배필을 지으리라 하시니라

◇ **19.** 여호와 하나님이 흙으로 각종 들짐승과 공중의 각종 새를 지
으시고 아담이 무엇이라고 부르나 보시려고 그것들을 그에게
로 이끌어 가시니 아담이 각 생물을 부르는 것이 곧 그 이름이
되었더라

◇ **20.** 아담이 모든 가축과 공중의 새와 들의 모든 짐승에게 이름을
주니라 아담이 돕는 배필이 없으므로

◇ **21.** 여호와 하나님이 아담을 깊이 잠들게 하시니 잠들매 그가 그
갈빗대 하나를 취하고 살로 대신 채우시고

◇ **22.** 여호와 하나님이 아담에게서 취하신 그 갈빗대로 여자를 만드
시고 그를 아담에게로 이끌어 오시니

◇ **23.** 아담이 이르되 이는 내 뼈 중의 뼈요 살 중의 살이라 이것을
남자에게서 취하였은즉 여자라 부르리라 하니라

◇ **24.** 이러므로 남자가 부모를 떠나 그의 아내와 합하여 둘이 한 몸
을 이룰지로다

◇ **25.** 아담과 그의 아내 두 사람이 벌거벗었으나 부끄러워하지 아니
하니라

Sharing together

■ 성경을 쓰면서 가장 마음에 와닿았던 말씀은 무엇인가요?

■ 하나님이 꿈꾸셨던 가정(부부)의 모습은 무엇일까요? 내가 생각하는 가정
  의 모습은 어떠한가요? 말씀의 반석 위에 사랑을 세우는 가정이 되도록 기
  도해 보세요.

사랑에 기쁨을 더하다

'아가'(雅歌)는 '아름다운 노래'라는 뜻으로 남자와 여자 사이의 멋지고 아름답고 두근거리는 사랑의 설렘과 기쁨을 표현하고 있습니다. 나아가 이러한 사랑의 노래는 자연스레 하나님과 성도 사이의 사랑을 표현합니다. 아가서 1-2장을 쓰면서 오직 한 사람에게 시선이 머무는 아름다운 사랑의 기쁨을 발견해 보세요. 그리고 나를 향해 사랑의 기쁨을 끊임없이 표현하시는 하나님의 음성에 귀를 기울여 보세요.

◇ **01.** 솔로몬의 아가라

◇ **02.** 내게 입맞추기를 원하니 네 사랑이 포도주보다 나음이로구나

◇ **03.** 네 기름이 향기로워 아름답고 네 이름이 쏟은 향기름 같으므
로 처녀들이 너를 사랑하는구나

◇ **04.** 왕이 나를 그의 방으로 이끌어 들이시니 너는 나를 인도하라
우리가 너를 따라 달려가리라 우리가 너로 말미암아 기뻐하
며 즐거워하니 네 사랑이 포도주보다 더 진함이라 처녀들이
너를 사랑함이 마땅하니라

◇ **05.** 예루살렘 딸들아 내가 비록 검으나 아름다우니 게달의 장막
같을지라도 솔로몬의 휘장과도 같구나

◇ **06.** 내가 햇볕에 쬐어서 거무스름할지라도 흘겨보지 말 것은 내
어머니의 아들들이 나에게 노하여 포도원지기로 삼았음이라
나의 포도원을 내가 지키지 못하였구나

◇ **07.** 내 마음으로 사랑하는 자야 네가 양 치는 곳과 정오에 쉬게 하
는 곳을 내게 말하라 내가 네 친구의 양 떼 곁에서 어찌 얼굴
을 가린 자 같이 되랴

◇ **08.** 여인 중에 어여쁜 자야 네가 알지 못하겠거든 양 떼의 발자취
를 따라 목자들의 장막 곁에서 너의 염소 새끼를 먹일지니라

◇ **09.** 내 사랑아 내가 너를 바로의 병거의 준마에 비하였구나

◇ **10.** 네 두 뺨은 땋은 머리털로, 네 목은 구슬 꿰미로 아름답구나

◇ **11.** 우리가 너를 위하여 금 사슬에 은을 박아 만들리라

◇ **12.** 왕이 침상에 앉았을 때에 나의 나도 기름이 향기를 뿜어냈구나

◇ **13.** 나의 사랑하는 자는 내 품 가운데 몰약 향주머니요

◇ **14.** 나의 사랑하는 자는 내게 엔게디 포도원의 고벨화 송이로구나

◇ **15.** 내 사랑아 너는 어여쁘고 어여쁘다 네 눈이 비둘기 같구나

◇ **16.** 나의 사랑하는 자야 너는 어여쁘고 화창하다 우리의 침상은
푸르고

◇ **17.** 우리 집은 백향목 들보, 잣나무 서까래로구나

Sharing together

■ 성경을 쓰면서 가장 마음에 와닿았던 말씀은 무엇인가요?

_____

_____

_____

_____

■ 사랑하는 여인을 향해 자신의 사랑을 표현하는 남자의 모습에서 어떤 느
  낌을 받았나요? 오늘 사랑을 표현하고 싶은 사람이 있다면 용기를 내어 사
  랑을 전해 보세요.

_____

_____

_____

_____

_____

01. 나는 사론의 수선화요 골짜기의 백합화로다

02. 여자들 중에 내 사랑은 가시나무 가운데 백합화 같도다

03. 남자들 중에 나의 사랑하는 자는 수풀 가운데 사과나무 같구나 내가 그 그늘에 앉아서 심히 기뻐하였고 그 열매는 내 입에 달았도다

04. 그가 나를 인도하여 잔칫집에 들어갔으니 그 사랑은 내 위에 깃발이로구나

05. 너희는 건포도로 내 힘을 돕고 사과로 나를 시원하게 하라 내가 사랑하므로 병이 생겼음이라

06. 그가 왼팔로 내 머리를 고이고 오른팔로 나를 안는구나

07. 예루살렘 딸들아 내가 노루와 들사슴을 두고 너희에게 부탁한다 내 사랑이 원하기 전에는 흔들지 말고 깨우지 말지니라

08. 내 사랑하는 자의 목소리로구나 보라 그가 산에서 달리고 작은 산을 빨리 넘어오는구나

09. 내 사랑하는 자는 노루와도 같고 어린 사슴과도 같아서 우리 벽 뒤에 서서 창으로 들여다보며 창살 틈으로 엿보는구나

10. 나의 사랑하는 자가 내게 말하여 이르기를 나의 사랑, 내 어여쁜 자야 일어나서 함께 가자

11. 겨울도 지나고 비도 그쳤고

12. 지면에는 꽃이 피고 새가 노래할 때가 이르렀는데 비둘기의 소리가 우리 땅에 들리는구나

13. 무화과나무에는 푸른 열매가 익었고 포도나무는 꽃을 피워 향기를 토하는구나 나의 사랑, 나의 어여쁜 자야 일어나서 함께 가자

14. 바위 틈 낭떠러지 은밀한 곳에 있는 나의 비둘기야 내가 네 얼굴을 보게 하라 네 소리를 듣게 하라 네 소리는 부드럽고 네 얼굴은 아름답구나

15. 우리를 위하여 여우 곧 포도원을 허는 작은 여우를 잡으라 우리의 포도원에 꽃이 피었음이라

16. 내 사랑하는 자는 내게 속하였고 나는 그에게 속하였도다 그가 백합화 가운데에서 양 떼를 먹이는구나

17. 내 사랑하는 자야 날이 저물고 그림자가 사라지기 전에 돌아와서 베데르 산의 노루와 어린 사슴 같을지라

Sharing together

■ 성경을 쓰면서 가장 마음에 와닿았던 말씀은 무엇인가요?

■ 나는 사랑을 적극적으로 표현하나요, 아니면 상대방이 알아주기를 바라
며 잠잠한가요? 주위에 힘들어하는 이웃이나 공동체가 있다면 손잡고 함
께 가 주시는 하나님의 사랑을 전해 보세요.

3장

사랑에 하나됨을 더하다

세상이 정해놓은 여러 규칙에는 하나됨을 방해하는 요소가 많습니다. 그러나 그 무엇도 하나님의 사랑보다 우선하지는 못합니다. 우리는 하나님이 주신 능력으로 삶에 주어진 모든 관계 속에서 선한 말과 선한 일을 통해 그 사랑을 흘려보내야 합니다. 에베소서 4-6장을 쓰면서 하나님이 내게 사랑하라고 맡겨주신 사람이 누구인가 떠올려 보세요. 그리고 그 안에서 하나됨을 이루기 위해 사랑해야 할 이웃에 대하여 생각해 보세요.

◇ **01.** 그러므로 주 안에서 갇힌 내가 너희를 권하노니 너희가 부르심을 받은 일에 합당하게 행하여

◇ **02.** 모든 겸손과 온유로 하고 오래 참음으로 사랑 가운데서 서로 용납하고

◇ **03.** 평안의 매는 줄로 성령이 하나 되게 하신 것을 힘써 지키라

◇ **04.** 몸이 하나요 성령도 한 분이시니 이와 같이 너희가 부르심의 한 소망 안에서 부르심을 받았느니라

◇ **05.** 주도 한 분이시요 믿음도 하나요 세례도 하나요

◇ **06.** 하나님도 한 분이시니 곧 만유의 아버지시라 만유 위에 계시고 만유를 통일하시고 만유 가운데 계시도다

◇ **07.** 우리 각 사람에게 그리스도의 선물의 분량대로 은혜를 주셨나니

◇ **08.** 그러므로 이르기를 그가 위로 올라가실 때에 사로잡혔던 자들을 사로잡으시고 사람들에게 선물을 주셨다 하였도다

◇ **09.** 올라가셨다 하였은즉 땅 아래 낮은 곳으로 내리셨던 것이 아니면 무엇이냐

◇ **10.** 내리셨던 그가 곧 모든 하늘 위에 오르신 자니 이는 만물을 충만하게 하려 하심이라

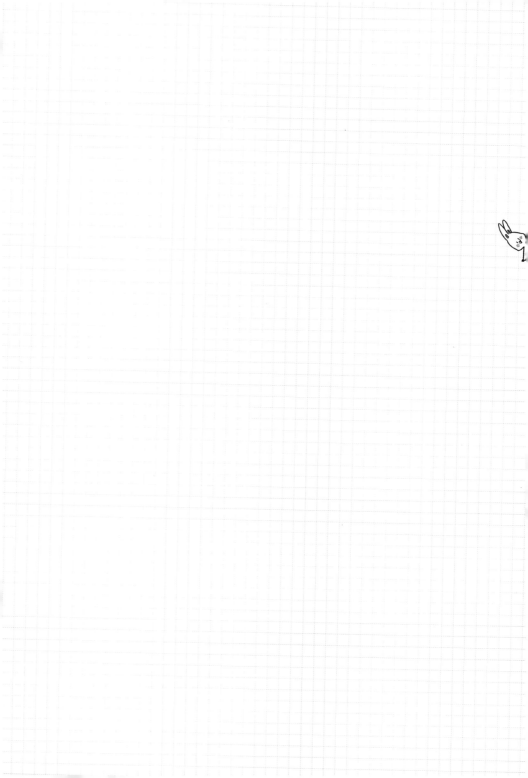

◇ **11.** 그가 어떤 사람은 사도로, 어떤 사람은 선지자로, 어떤 사람은 복음 전하는 자로, 어떤 사람은 목사와 교사로 삼으셨으니

◇ **12.** 이는 성도를 온전하게 하여 봉사의 일을 하게 하며 그리스도의 몸을 세우려 하심이라

◇ **13.** 우리가 다 하나님의 아들을 믿는 것과 아는 일에 하나가 되어 온전한 사람을 이루어 그리스도의 장성한 분량이 충만한 데까지 이르리니

◇ **14.** 이는 우리가 이제부터 어린 아이가 되지 아니하여 사람의 속임수와 간사한 유혹에 빠져 온갖 교훈의 풍조에 밀려 요동하지 않게 하려 함이라

◇ **15.** 오직 사랑 안에서 참된 것을 하여 범사에 그에게까지 자랄지라 그는 머리니 곧 그리스도라

◇ **16.** 그에게서 온 몸이 각 마디를 통하여 도움을 받음으로 연결되고 결합되어 각 지체의 분량대로 역사하여 그 몸을 자라게 하며 사랑 안에서 스스로 세우느니라

◇ **17.** 그러므로 내가 이것을 말하며 주 안에서 증언하노니 이제부터 너희는 이방인이 그 마음의 허망한 것으로 행함 같이 행하지 말라

◇ **18.** 그들의 총명이 어두워지고 그들 가운데 있는 무지함과 그들의 마음이 굳어짐으로 말미암아 하나님의 생명에서 떠나 있도다

◇ **19.** 그들이 감각 없는 자가 되어 자신을 방탕에 방임하여 모든 더러운 것을 욕심으로 행하되

◇ **20.** 오직 너희는 그리스도를 그같이 배우지 아니하였느니라

◇ **21.** 진리가 예수 안에 있는 것 같이 너희가 참으로 그에게서 듣고 또한 그 안에서 가르침을 받았을진대

◇ **22.** 너희는 유혹의 욕심을 따라 썩어져 가는 구습을 따르는 옛 사람을 벗어 버리고

◇ **23.** 오직 너희의 심령이 새롭게 되어

◇ **24.** 하나님을 따라 의와 진리의 거룩함으로 지으심을 받은 새 사람을 입으라

◇ **25.** 그런즉 거짓을 버리고 각각 그 이웃과 더불어 참된 것을 말하라 이는 우리가 서로 지체가 됨이라

◇ **26.** 분을 내어도 죄를 짓지 말며 해가 지도록 분을 품지 말고

◇ **27.** 마귀에게 틈을 주지 말라

◇ **28.** 도둑질하는 자는 다시 도둑질하지 말고 돌이켜 가난한 자에게 구제할 수 있도록 자기 손으로 수고하여 선한 일을 하라

◇ **29.** 무릇 더러운 말은 너희 입 밖에도 내지 말고 오직 덕을 세우는 데 소용되는 대로 선한 말을 하여 듣는 자들에게 은혜를 끼치게 하라

◇ **30.** 하나님의 성령을 근심하게 하지 말라 그 안에서 너희가 구원의 날까지 인치심을 받았느니라

◇ **31.** 너희는 모든 악독과 노함과 분냄과 떠드는 것과 비방하는 것을 모든 악의와 함께 버리고

◇ **32.** 서로 친절하게 하며 불쌍히 여기며 서로 용서하기를 하나님이 그리스도 안에서 너희를 용서하심과 같이 하라

Sharing together

■ 성경을 쓰면서 가장 마음에 와닿았던 말씀은 무엇인가요?

_____

_____

_____

_____

■ 오늘 내가 친절하게 하며, 불쌍히 여기며, 용서하기를 하나님이 그리스도
  안에서 나를 용서하심 같이 해야 할 대상은 누구일까요?(아마 나 자신일 수도
  있어요.) 지금 머릿속에 떠오르는 그 사람을 다독여 주세요.

_____

_____

_____

_____

_____

_____

◇ **01.** 그러므로 사랑을 받는 자녀 같이 너희는 하나님을 본받는 자
가 되고

◇ **02.** 그리스도께서 너희를 사랑하신 것 같이 너희도 사랑 가운데서
행하라 그는 우리를 위하여 자신을 버리사 향기로운 제물과
희생제물로 하나님께 드리셨느니라

◇ **03.** 음행과 온갖 더러운 것과 탐욕은 너희 중에서 그 이름조차도
부르지 말라 이는 성도에게 마땅한 바니라

◇ **04.** 누추함과 어리석은 말이나 희롱의 말이 마땅치 아니하니 오히
려 감사하는 말을 하라

◇ **05.** 너희도 정녕 이것을 알거니와 음행하는 자나 더러운 자나 탐
하는 자 곧 우상 숭배자는 다 그리스도와 하나님의 나라에서
기업을 얻지 못하리니

◇ **06.** 누구든지 헛된 말로 너희를 속이지 못하게 하라 이로 말미암
아 하나님의 진노가 불순종의 아들들에게 임하나니

◇ **07.** 그러므로 그들과 함께 하는 자가 되지 말라

◇ **08.** 너희가 전에는 어둠이더니 이제는 주 안에서 빛이라 빛의 자녀들처럼 행하라

◇ **09.** 빛의 열매는 모든 착함과 의로움과 진실함에 있느니라

◇ **10.** 주를 기쁘시게 할 것이 무엇인가 시험하여 보라

◇ **11.** 너희는 열매 없는 어둠의 일에 참여하지 말고 도리어 책망하라

◇ **12.** 그들이 은밀히 행하는 것들은 말하기도 부끄러운 것들이라

◇ **13.** 그러나 책망을 받는 모든 것은 빛으로 말미암아 드러나나니 드러나는 것마다 빛이니라

◇ **14.** 그러므로 이르시기를 잠자는 자여 깨어서 죽은 자들 가운데서 일어나라 그리스도께서 너에게 비추이시리라 하셨느니라

◇ **15.** 그런즉 너희가 어떻게 행할지를 자세히 주의하여 지혜 없는 자 같이 하지 말고 오직 지혜 있는 자 같이 하여

◇ **16.** 세월을 아끼라 때가 악하니라

◇ **17.** 그러므로 어리석은 자가 되지 말고 오직 주의 뜻이 무엇인가 이해하라

◇ **18.** 술 취하지 말라 이는 방탕한 것이니 오직 성령으로 충만함을 받으라

◇ **19.** 시와 찬송과 신령한 노래들로 서로 화답하며 너희의 마음으로 주께 노래하며 찬송하며

◇ **20.** 범사에 우리 주 예수 그리스도의 이름으로 항상 아버지 하나님께 감사하며

◇ **21.** 그리스도를 경외함으로 피차 복종하라

◇ **22.** 아내들이여 자기 남편에게 복종하기를 주께 하듯 하라

◇ **23.** 이는 남편이 아내의 머리 됨이 그리스도께서 교회의 머리 됨과 같음이니 그가 바로 몸의 구주시니라

◇ **24.** 그러므로 교회가 그리스도에게 하듯 아내들도 범사에 자기 남편에게 복종할지니라

◇ **25.** 남편들아 아내 사랑하기를 그리스도께서 교회를 사랑하시고 그 교회를 위하여 자신을 주심 같이 하라

◇ **26.** 이는 곧 물로 씻어 말씀으로 깨끗하게 하사 거룩하게 하시고

◇ **27.** 자기 앞에 영광스러운 교회로 세우사 티나 주름 잡힌 것이나 이런 것들이 없이 거룩하고 흠이 없게 하려 하심이라

◇ **28.** 이와 같이 남편들도 자기 아내 사랑하기를 자기 자신과 같이 할지니 자기 아내를 사랑하는 자는 자기를 사랑하는 것이라

◇ **29.** 누구든지 언제나 자기 육체를 미워하지 않고 오직 양육하여 보호하기를 그리스도께서 교회에게 함과 같이 하나니

◇ **30.** 우리는 그 몸의 지체임이라

◇ **31.** 그러므로 사람이 부모를 떠나 그의 아내와 합하여 그 둘이 한 육체가 될지니

◇ **32.** 이 비밀이 크도다 나는 그리스도와 교회에 대하여 말하노라

◇ **33.** 그러나 너희도 각각 자기의 아내 사랑하기를 자신 같이 하고 아내도 자기 남편을 존경하라

Sharing together

■ 성경을 쓰면서 가장 마음에 와닿았던 말씀은 무엇인가요?

_____

_____

_____

_____

■ 우리는 빛의 자녀들로서 지혜 있는 사람처럼 우리의 삶을 가치 있게 살아
  야 합니다. 나는 하나됨을 위해 관계 속에서 어떤 노력을 하고 있나요?

_____

_____

_____

_____

_____

_____

에베소서 6장

◇ **01.** 자녀들아 주 안에서 너희 부모에게 순종하라 이것이 옳으니라

◇ **02.** 네 아버지와 어머니를 공경하라 이것은 약속이 있는 첫 계명
이니

◇ **03.** 이로써 네가 잘되고 땅에서 장수하리라

◇ **04.** 또 아비들아 너희 자녀를 노엽게 하지 말고 오직 주의 교훈과
훈계로 양육하라

◇ **05.** 종들아 두려워하고 떨며 성실한 마음으로 육체의 상전에게 순
종하기를 그리스도께 하듯 하라

◇ **06.** 눈가림만 하여 사람을 기쁘게 하는 자처럼 하지 말고 그리스
도의 종들처럼 마음으로 하나님의 뜻을 행하고

◇ **07.** 기쁜 마음으로 섬기기를 주께 하듯 하고 사람들에게 하듯 하
지 말라

◇ **08.** 이는 각 사람이 무슨 선을 행하든지 종이나 자유인이나 주께
로부터 그대로 받을 줄을 앎이라

◇ **09.** 상전들아 너희도 그들에게 이와 같이 하고 위협을 그치라 이
는 그들과 너희의 상전이 하늘에 계시고 그에게는 사람을 외
모로 취하는 일이 없는 줄 너희가 앎이라

◇ **10.** 끝으로 너희가 주 안에서와 그 힘의 능력으로 강건하여지고

◇ **11.** 마귀의 간계를 능히 대적하기 위하여 하나님의 전신 갑주를 입으라

◇ **12.** 우리의 씨름은 혈과 육을 상대하는 것이 아니요 통치자들과 권세들과 이 어둠의 세상 주관자들과 하늘에 있는 악의 영들을 상대함이라

◇ **13.** 그러므로 하나님의 전신 갑주를 취하라 이는 악한 날에 너희가 능히 대적하고 모든 일을 행한 후에 서기 위함이라

◇ **14.** 그런즉 서서 진리로 너희 허리 띠를 띠고 의의 호심경을 붙이고

◇ **15.** 평안의 복음이 준비한 것으로 신을 신고

◇ **16.** 모든 것 위에 믿음의 방패를 가지고 이로써 능히 악한 자의 모든 불화살을 소멸하고

◇ **17.** 구원의 투구와 성령의 검 곧 하나님의 말씀을 가지라

◇ **18.** 모든 기도와 간구를 하되 항상 성령 안에서 기도하고 이를 위하여 깨어 구하기를 항상 힘쓰며 여러 성도를 위하여 구하라

◇ **19.** 또 나를 위하여 구할 것은 내게 말씀을 주사 나로 입을 열어 복음의 비밀을 담대히 알리게 하옵소서 할 것이니

◇ **20.** 이 일을 위하여 내가 쇠사슬에 매인 사신이 된 것은 나로 이 일에 당연히 할 말을 담대히 하게 하려 하심이라

◇ **21.** 나의 사정 곧 내가 무엇을 하는지 너희에게도 알리려 하노니 사랑을 받은 형제요 주 안에서 진실한 일꾼인 두기고가 모든 일을 너희에게 알리리라

◇ **22.** 우리 사정을 알리고 또 너희 마음을 위로하기 위하여 내가 특별히 그를 너희에게 보내었노라

◇ **23.** 아버지 하나님과 주 예수 그리스도께로부터 평안과 믿음을 겸한 사랑이 형제들에게 있을지어다

◇ **24.** 우리 주 예수 그리스도를 변함 없이 사랑하는 모든 자에게 은혜가 있을지어다

■ 성경을 쓰면서 가장 마음에 와닿았던 말씀은 무엇인가요?

_____

_____

_____

_____

_____

■ 가정, 학교, 회사 등 여러 공동체 안에서 나의 역할은 무엇인가요? 자녀로, 부모로, 종으로, 상전으로 사는 내 속에 그리스도의 사랑의 지혜와 말씀이 있나요?

_____

_____

_____

_____

_____

4장

사랑에 친밀함을 더하다

우리는 화목제물 되신 예수님으로 인해 영생을 얻었고, 하나님과의 친밀한 교제 가운데로 들어갈 수 있게 되었습니다. 하나님의 자녀는 혼미한 세상 가운데서 불법을 좇지 않고 진리를 행하기 위해 힘써야 합니다. 요한일, 이, 삼서는 예수님의 말씀과 하나님의 계명에 따라 사랑하고 진리를 추구하는 삶을 살기를 권면합니다. 요한1, 2, 3서를 쓰면서 주님이 어떤 분이신지 알고, 그분을 믿는 우리가 하나님과 더욱 친밀해지고 그 사랑으로 이웃과 친밀하기 위해 어떠해야 하는지 지혜를 구해 보세요.

◇ **01.** 태초부터 있는 생명의 말씀에 관하여는 우리가 들은 바요 눈으로 본 바요 자세히 보고 우리의 손으로 만진 바라

◇ **02.** 이 생명이 나타내신 바 된지라 이 영원한 생명을 우리가 보았고 증언하여 너희에게 전하노니 이는 아버지와 함께 계시다가 우리에게 나타내신 바 된 이시니라

◇ **03.** 우리가 보고 들은 바를 너희에게도 전함은 너희로 우리와 사귐이 있게 하려 함이니 우리의 사귐은 아버지와 그의 아들 예수 그리스도와 더불어 누림이라

◇ **04.** 우리가 이것을 씀은 우리의 기쁨이 충만하게 하려 함이라

◇ **05.** 우리가 그에게서 듣고 너희에게 전하는 소식은 이것이니 곧 하나님은 빛이시라 그에게는 어둠이 조금도 없으시다는 것이니라

◇ **06.** 만일 우리가 하나님과 사귐이 있다 하고 어둠에 행하면 거짓
말을 하고 진리를 행하지 아니함이거니와

◇ **07.** 그가 빛 가운데 계신 것 같이 우리도 빛 가운데 행하면 우리가
서로 사귐이 있고 그 아들 예수의 피가 우리를 모든 죄에서 깨
끗하게 하실 것이요

◇ **08.** 만일 우리가 죄가 없다고 말하면 스스로 속이고 또 진리가 우
리 속에 있지 아니할 것이요

◇ **09.** 만일 우리가 우리 죄를 자백하면 그는 미쁘시고 의로우사 우리
죄를 사하시며 우리를 모든 불의에서 깨끗하게 하실 것이요

◇ **10.** 만일 우리가 범죄하지 아니하였다 하면 하나님을 거짓말하는 이
로 만드는 것이니 또한 그의 말씀이 우리 속에 있지 아니하니라

Sharing together

■ 성경을 쓰면서 가장 마음에 와닿았던 말씀은 무엇인가요?

_____

_____

_____

_____

■ 나는 하나님과 얼마나 친밀하게 사귀고 있나요? 하나님과의 사귐으로 하
  나님이 빛 가운데 계신 것처럼 우리도 어둠과 거짓에서 벗어나 빛 가운데
  행하게 된다는 것을 믿고 누려 보세요.

_____

_____

_____

_____

_____

◇ **01.** 나의 자녀들아 내가 이것을 너희에게 씀은 너희로 죄를 범하지 않게 하려 함이라 만일 누가 죄를 범하여도 아버지 앞에서 우리에게 대언자가 있으니 곧 의로우신 예수 그리스도시라

◇ **02.** 그는 우리 죄를 위한 화목 제물이니 우리만 위할 뿐 아니요 온 세상의 죄를 위하심이라

◇ **03.** 우리가 그의 계명을 지키면 이로써 우리가 그를 아는 줄로 알 것이요

◇ **04.** 그를 아노라 하고 그의 계명을 지키지 아니하는 자는 거짓말 하는 자요 진리가 그 속에 있지 아니하되

◇ **05.** 누구든지 그의 말씀을 지키는 자는 하나님의 사랑이 참으로 그 속에서 온전하게 되었나니 이로써 우리가 그의 안에 있는 줄을 아노라

◇ **06.** 그의 안에 산다고 하는 자는 그가 행하시는 대로 자기도 행할 지니라

◇ **07.** 사랑하는 자들아 내가 새 계명을 너희에게 쓰는 것이 아니라 너희가 처음부터 가진 옛 계명이니 이 옛 계명은 너희가 들은 바 말씀이거니와

◇ **08.** 다시 내가 너희에게 새 계명을 쓰노니 그에게와 너희에게도 참된 것이라 이는 어둠이 지나가고 참빛이 벌써 비침이니라

◇ **09.** 빛 가운데 있다 하면서 그 형제를 미워하는 자는 지금까지 어둠에 있는 자요

◇ **10.** 그의 형제를 사랑하는 자는 빛 가운데 거하여 자기 속에 거리낌이 없으나

◇ **11.** 그의 형제를 미워하는 자는 어둠에 있고 또 어둠에 행하며 갈 곳을 알지 못하나니 이는 그 어둠이 그의 눈을 멀게 하였음이라

◇ **12.** 자녀들아 내가 너희에게 쓰는 것은 너희 죄가 그의 이름으로 말미암아 사함을 받았음이요

◇ **13.** 아비들아 내가 너희에게 쓰는 것은 너희가 태초부터 계신 이를 알았음이요 청년들아 내가 너희에게 쓰는 것은 너희가 악한 자를 이기었음이라

◇ **14.** 아이들아 내가 너희에게 쓴 것은 너희가 아버지를 알았음이요 아비들아 내가 너희에게 쓴 것은 너희가 태초부터 계신 이를 알았음이요 청년들아 내가 너희에게 쓴 것은 너희가 강하고 하나님의 말씀이 너희 안에 거하시며 너희가 흉악한 자를 이기었음이라

◇ **15.** 이 세상이나 세상에 있는 것들을 사랑하지 말라 누구든지 세상을 사랑하면 아버지의 사랑이 그 안에 있지 아니하니

◇ **16.** 이는 세상에 있는 모든 것이 육신의 정욕과 안목의 정욕과 이생의 자랑이니 다 아버지께로부터 온 것이 아니요 세상으로부터 온 것이라

◇ **17.** 이 세상도, 그 정욕도 지나가되 오직 하나님의 뜻을 행하는 자는 영원히 거하느니라

◇ **18.** 아이들아 지금은 마지막 때라 적그리스도가 오리라는 말을 너희가 들은 것과 같이 지금도 많은 적그리스도가 일어났으니 그러므로 우리가 마지막 때인 줄 아노라

◇ **19.** 그들이 우리에게서 나갔으나 우리에게 속하지 아니하였나니 만일 우리에게 속하였더라면 우리와 함께 거하였으려니와 그들이 나간 것은 다 우리에게 속하지 아니함을 나타내려 함이니라

◇ **20.** 너희는 거룩하신 자에게서 기름 부음을 받고 모든 것을 아느니라

◇ **21.** 내가 너희에게 쓰는 것은 너희가 진리를 알지 못하기 때문이 아니라 알기 때문이요 또 모든 거짓은 진리에서 나지 않기 때문이라

◇ **22.** 거짓말하는 자가 누구냐 예수께서 그리스도이심을 부인하는 자가 아니냐 아버지와 아들을 부인하는 그가 적그리스도니

◇ **23.** 아들을 부인하는 자에게는 또한 아버지가 없으되 아들을 시인하는 자에게는 아버지도 있느니라

◇ **24.** 너희는 처음부터 들은 것을 너희 안에 거하게 하라 처음부터 들은 것이 너희 안에 거하면 너희가 아들과 아버지 안에 거하리라

◇ **25.** 그가 우리에게 약속하신 것은 이것이니 곧 영원한 생명이니라

◇ **26.** 너희를 미혹하는 자들에 관하여 내가 이것을 너희에게 썼노라

◇ **27.** 너희는 주께 받은 바 기름 부음이 너희 안에 거하나니 아무도 너희를 가르칠 필요가 없고 오직 그의 기름 부음이 모든 것을 너희에게 가르치며 또 참되고 거짓이 없으니 너희를 가르치신 그대로 주 안에 거하라

◇ **28.** 자녀들아 이제 그의 안에 거하라 이는 주께서 나타내신 바 되면 그가 강림하실 때에 우리로 담대함을 얻어 그 앞에서 부끄럽지 않게 하려 함이라

◇ **29.** 너희가 그가 의로우신 줄을 알면 의를 행하는 자마다 그에게서 난 줄을 알리라

Sharing together

■ 성경을 쓰면서 가장 마음에 와닿았던 말씀은 무엇인가요?

_____

_____

_____

_____

■ 빛 가운데 산다고 하면서 아직도 미움에 마음을 내어 주고 있지는 않은가
요? 미움이 사라져야 하나님과 사람과 친밀함을 회복할 수 있습니다. 내
미움의 뿌리에는 무엇이 있나요? 그 뿌리가 오롯이 뽑히도록 구해 보세요.

_____

_____

_____

_____

_____

_____

◇ **01.** 보라 아버지께서 어떠한 사랑을 우리에게 베푸사 하나님의 자녀라 일컬음을 받게 하셨는가, 우리가 그러하도다 그러므로 세상이 우리를 알지 못함은 그를 알지 못함이라

◇ **02.** 사랑하는 자들아 우리가 지금은 하나님의 자녀라 장래에 어떻게 될지는 아직 나타나지 아니하였으나 그가 나타나시면 우리가 그와 같을 줄을 아는 것은 그의 참모습 그대로 볼 것이기 때문이니

◇ **03.** 주를 향하여 이 소망을 가진 자마다 그의 깨끗하심과 같이 자기를 깨끗하게 하느니라

◇ **04.** 죄를 짓는 자마다 불법을 행하나니 죄는 불법이라

◇ **05.** 그가 우리 죄를 없애려고 나타나신 것을 너희가 아나니 그에게는 죄가 없느니라

◇ **06.** 그 안에 거하는 자마다 범죄하지 아니하나니 범죄하는 자마다 그를 보지도 못하였고 그를 알지도 못하였느니라

◇ **07.** 자녀들아 아무도 너희를 미혹하지 못하게 하라 의를 행하는 자는 그의 의로우심과 같이 의롭고

◇ **08.** 죄를 짓는 자는 마귀에게 속하나니 마귀는 처음부터 범죄함이라 하나님의 아들이 나타나신 것은 마귀의 일을 멸하려 하심이라

◇ **09.** 하나님께로부터 난 자마다 죄를 짓지 아니하나니 이는 하나님의 씨가 그의 속에 거함이요 그도 범죄하지 못하는 것은 하나님께로부터 났음이라

◇ **10.** 이러므로 하나님의 자녀들과 마귀의 자녀들이 드러나나니 무릇 의를 행하지 아니하는 자나 또는 그 형제를 사랑하지 아니하는 자는 하나님께 속하지 아니하니라

◇ **11.** 우리는 서로 사랑할지니 이는 너희가 처음부터 들은 소식이라

◇ **12.** 가인 같이 하지 말라 그는 악한 자에게 속하여 그 아우를 죽였으니 어떤 이유로 죽였느냐 자기의 행위는 악하고 그의 아우의 행위는 의로움이라

◇ **13.** 형제들아 세상이 너희를 미워하여도 이상히 여기지 말라

◇ **14.** 우리는 형제를 사랑함으로 사망에서 옮겨 생명으로 들어간 줄
을 알거니와 사랑하지 아니하는 자는 사망에 머물러 있느니라

◇ **15.** 그 형제를 미워하는 자마다 살인하는 자니 살인하는 자마다
영생이 그 속에 거하지 아니하는 것을 너희가 아는 바라

◇ **16.** 그가 우리를 위하여 목숨을 버리셨으니 우리가 이로써 사랑을
알고 우리도 형제들을 위하여 목숨을 버리는 것이 마땅하니라

◇ **17.** 누가 이 세상의 재물을 가지고 형제의 궁핍함을 보고도 도와
줄 마음을 닫으면 하나님의 사랑이 어찌 그 속에 거하겠느냐

◇ **18.** 자녀들아 우리가 말과 혀로만 사랑하지 말고 행함과 진실함으
로 하자

◇ **19.** 이로써 우리가 진리에 속한 줄을 알고 또 우리 마음을 주 앞에
서 굳세게 하리니

◇ **20.** 이는 우리 마음이 혹 우리를 책망할 일이 있어도 하나님은 우
리 마음보다 크시고 모든 것을 아시기 때문이라

◇ **21.** 사랑하는 자들아 만일 우리 마음이 우리를 책망할 것이 없으면 하나님 앞에서 담대함을 얻고

◇ **22.** 무엇이든지 구하는 바를 그에게서 받나니 이는 우리가 그의 계명을 지키고 그 앞에서 기뻐하시는 것을 행함이라

◇ **23.** 그의 계명은 이것이니 곧 그 아들 예수 그리스도의 이름을 믿고 그가 우리에게 주신 계명대로 서로 사랑할 것이니라

◇ **24.** 그의 계명을 지키는 자는 주 안에 거하고 주는 그의 안에 거하시나니 우리에게 주신 성령으로 말미암아 그가 우리 안에 거하시는 줄을 우리가 아느니라

Sharing together

■ 성경을 쓰면서 가장 마음에 와닿았던 말씀은 무엇인가요?

_____

_____

_____

_____

■ 나는 가족과 이웃을 행함과 진실함으로 사랑하고 있나요? 오늘 내가 실천

해야 할 사랑은 무엇일까요?

_____

_____

_____

_____

_____

_____

◇ **01.** 사랑하는 자들아 영을 다 믿지 말고 오직 영들이 하나님께 속
하였나 분별하라 많은 거짓 선지자가 세상에 나왔음이라

◇ **02.** 이로써 너희가 하나님의 영을 알지니 곧 예수 그리스도께서
육체로 오신 것을 시인하는 영마다 하나님께 속한 것이요

◇ **03.** 예수를 시인하지 아니하는 영마다 하나님께 속한 것이 아니니
이것이 곧 적그리스도의 영이니라 오리라 한 말을 너희가 들
었거니와 지금 벌써 세상에 있느니라

◇ **04.** 자녀들아 너희는 하나님께 속하였고 또 그들을 이기었나니 이
는 너희 안에 계신 이가 세상에 있는 자보다 크심이라

◇ **05.** 그들은 세상에 속한 고로 세상에 속한 말을 하매 세상이 그들
의 말을 듣느니라

◇ **06.** 우리는 하나님께 속하였으니 하나님을 아는 자는 우리의 말을
듣고 하나님께 속하지 아니한 자는 우리의 말을 듣지 아니하
나니 진리의 영과 미혹의 영을 이로써 아느니라

◇ **07.** 사랑하는 자들아 우리가 서로 사랑하자 사랑은 하나님께 속한 것이니 사랑하는 자마다 하나님으로부터 나서 하나님을 알고

◇ **08.** 사랑하지 아니하는 자는 하나님을 알지 못하나니 이는 하나님은 사랑이심이라

◇ **09.** 하나님의 사랑이 우리에게 이렇게 나타난 바 되었으니 하나님이 자기의 독생자를 세상에 보내심은 그로 말미암아 우리를 살리려 하심이라

◇ **10.** 사랑은 여기 있으니 우리가 하나님을 사랑한 것이 아니요 하나님이 우리를 사랑하사 우리 죄를 속하기 위하여 화목 제물로 그 아들을 보내셨음이라

◇ **11.** 사랑하는 자들아 하나님이 이같이 우리를 사랑하셨은즉 우리도 서로 사랑하는 것이 마땅하도다

◇ **12.** 어느 때나 하나님을 본 사람이 없으되 만일 우리가 서로 사랑
하면 하나님이 우리 안에 거하시고 그의 사랑이 우리 안에 온
전히 이루어지느니라

◇ **13.** 그의 성령을 우리에게 주시므로 우리가 그 안에 거하고 그가
우리 안에 거하시는 줄을 아느니라

◇ **14.** 아버지가 아들을 세상의 구주로 보내신 것을 우리가 보았고
또 증언하노니

◇ **15.** 누구든지 예수를 하나님의 아들이라 시인하면 하나님이 그의
안에 거하시고 그도 하나님 안에 거하느니라

◇ **16.** 하나님이 우리를 사랑하시는 사랑을 우리가 알고 믿었노니 하
나님은 사랑이시라 사랑 안에 거하는 자는 하나님 안에 거하
고 하나님도 그의 안에 거하시느니라

◇ **17.** 이로써 사랑이 우리에게 온전히 이루어진 것은 우리로 심판 날에 담대함을 가지게 하려 함이니 주께서 그러하심과 같이 우리도 이 세상에서 그러하니라

◇ **18.** 사랑 안에 두려움이 없고 온전한 사랑이 두려움을 내쫓나니 두려움에는 형벌이 있음이라 두려워하는 자는 사랑 안에서 온전히 이루지 못하였느니라

◇ **19.** 우리가 사랑함은 그가 먼저 우리를 사랑하셨음이라

◇ **20.** 누구든지 하나님을 사랑하노라 하고 그 형제를 미워하면 이는 거짓말하는 자니 보는 바 그 형제를 사랑하지 아니하는 자는 보지 못하는 바 하나님을 사랑할 수 없느니라

◇ **21.** 우리가 이 계명을 주께 받았나니 하나님을 사랑하는 자는 또한 그 형제를 사랑할지니라

Sharing together

■ 성경을 쓰면서 가장 마음에 와닿았던 말씀은 무엇인가요?

_____

_____

_____

_____

■ 하나님이 사랑을 부어 주시지 않으면 우리 안에서 그 어떤 선함도 나올 수
없음을 인정하나요? 나는 성령의 능력으로 사랑하기 위해 하나님과 어떻
게 교제하나요?

_____

_____

_____

_____

_____

_____

◇ **01.** 예수께서 그리스도이심을 믿는 자마다 하나님께로부터 난 자니 또한 낳으신 이를 사랑하는 자마다 그에게서 난 자를 사랑하느니라

◇ **02.** 우리가 하나님을 사랑하고 그의 계명들을 지킬 때에 이로써 우리가 하나님의 자녀를 사랑하는 줄을 아느니라

◇ **03.** 하나님을 사랑하는 것은 이것이니 우리가 그의 계명들을 지키는 것이라 그의 계명들은 무거운 것이 아니로다

◇ **04.** 무릇 하나님께로부터 난 자마다 세상을 이기느니라 세상을 이기는 승리는 이것이니 우리의 믿음이니라

◇ **05.** 예수께서 하나님의 아들이심을 믿는 자가 아니면 세상을 이기는 자가 누구냐

◇ **06.** 이는 물과 피로 임하신 이시니 곧 예수 그리스도시라 물로만 아니요 물과 피로 임하셨고 증언하는 이는 성령이시니 성령은 진리니라

◇ **07.** 증언하는 이가 셋이니

◇ **08.** 성령과 물과 피라 또한 이 셋은 합하여 하나이니라

◇ **09.** 만일 우리가 사람들의 증언을 받을진대 하나님의 증거는 더욱 크도다 하나님의 증거는 이것이니 그의 아들에 대하여 증언하신 것이니라

◇ **10.** 하나님의 아들을 믿는 자는 자기 안에 증거가 있고 하나님을 믿지 아니하는 자는 하나님을 거짓말하는 자로 만드나니 이는 하나님께서 그 아들에 대하여 증언하신 증거를 믿지 아니하였음이라

◇ **11.** 또 증거는 이것이니 하나님이 우리에게 영생을 주신 것과 이 생명이 그의 아들 안에 있는 그것이니라

◇ **12.** 아들이 있는 자에게는 생명이 있고 하나님의 아들이 없는 자에게는 생명이 없느니라

◇ **13.** 내가 하나님의 아들의 이름을 믿는 너희에게 이것을 쓰는 것
은 너희로 하여금 너희에게 영생이 있음을 알게 하려 함이라

◇ **14.** 그를 향하여 우리가 가진 바 담대함이 이것이니 그의 뜻대로
무엇을 구하면 들으심이라

◇ **15.** 우리가 무엇이든지 구하는 바를 들으시는 줄을 안즉 우리가
그에게 구한 그것을 얻은 줄을 또한 아느니라

◇ **16.** 누구든지 형제가 사망에 이르지 아니하는 죄 범하는 것을 보
거든 구하라 그리하면 사망에 이르지 아니하는 범죄자들을
위하여 그에게 생명을 주시리라 사망에 이르는 죄가 있으니
이에 관하여 나는 구하라 하지 않노라

◇ **17.** 모든 불의가 죄로되 사망에 이르지 아니하는 죄도 있도다

◇ **18.** 하나님께로부터 난 자는 다 범죄하지 아니하는 줄을 우리가
아노라 하나님께로부터 나신 자가 그를 지키시매 악한 자가
그를 만지지도 못하느니라

◇ **19.** 또 아는 것은 우리는 하나님께 속하고 온 세상은 악한 자 안에
처한 것이며

◇ **20.** 또 아는 것은 하나님의 아들이 이르러 우리에게 지각을 주사
우리로 참된 자를 알게 하신 것과 또한 우리가 참된 자 곧 그
의 아들 예수 그리스도 안에 있는 것이니 그는 참 하나님이시
요 영생이시라

◇ **21.** 자녀들아 너희 자신을 지켜 우상에게서 멀리하라

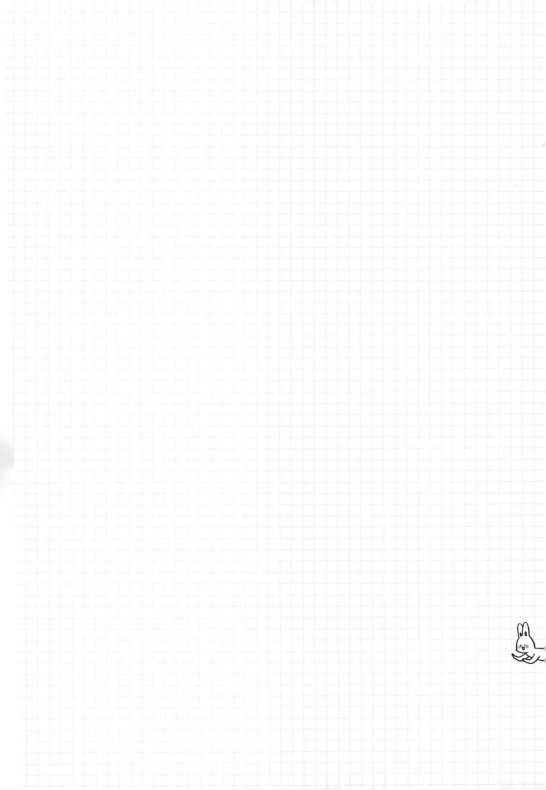

Sharing together

■ 성경을 쓰면서 가장 마음에 와닿았던 말씀은 무엇인가요?

_____

_____

_____

_____

■ 내 안에는 예수님의 생명이 있나요? 하나님께 받은 영생의 선물을 전하기

위해 어떻게 하면 좋을까요? 구체적으로 나누어 보세요.

_____

_____

_____

_____

_____

◇ **01.** 장로인 나는 택하심을 받은 부녀와 그의 자녀들에게 편지하노
니 내가 참으로 사랑하는 자요 나뿐 아니라 진리를 아는 모든
자도 그리하는 것은

◇ **02.** 우리 안에 거하여 영원히 우리와 함께 할 진리로 말미암음이
로다

◇ **03.** 은혜와 긍휼과 평강이 하나님 아버지와 아버지의 아들 예수 그
리스도께로부터 진리와 사랑 가운데서 우리와 함께 있으리라

◇ **04.** 너의 자녀들 중에 우리가 아버지께 받은 계명대로 진리를 행
하는 자를 내가 보니 심히 기쁘도다

◇ **05.** 부녀여, 내가 이제 네게 구하노니 서로 사랑하자 이는 새 계명
같이 네게 쓰는 것이 아니요 처음부터 우리가 가진 것이라

◇ **06.** 또 사랑은 이것이니 우리가 그 계명을 따라 행하는 것이요 계
명은 이것이니 너희가 처음부터 들은 바와 같이 그 가운데서
행하라 하심이라

◇ **07.** 미혹하는 자가 세상에 많이 나왔나니 이는 예수 그리스도께서 육체로 오심을 부인하는 자라 이런 자가 미혹하는 자요 적그리스도니

◇ **08.** 너희는 스스로 삼가 우리가 일한 것을 잃지 말고 오직 온전한 상을 받으라

◇ **09.** 지나쳐 그리스도의 교훈 안에 거하지 아니하는 자는 다 하나님을 모시지 못하되 교훈 안에 거하는 그 사람은 아버지와 아들을 모시느니라

◇ **10.** 누구든지 이 교훈을 가지지 않고 너희에게 나아가거든 그를 집에 들이지도 말고 인사도 하지 말라

◇ **11.** 그에게 인사하는 자는 그 악한 일에 참여하는 자임이라

◇ **12.** 내가 너희에게 쓸 것이 많으나 종이와 먹으로 쓰기를 원하지 아니하고 오히려 너희에게 가서 대면하여 말하려 하니 이는 너희 기쁨을 충만하게 하려 함이라

◇ **13.** 택하심을 받은 네 자매의 자녀들이 네게 문안하느니라

Sharing together

■ 성경을 쓰면서 가장 마음에 와닿았던 말씀은 무엇인가요?

_____

_____

_____

_____

■ 하나님의 계명을 따라 행하면 누구와 교제하게 되나요? 오늘 생각나는 사람에게 그리스도의 사랑이 가득 담긴 편지를 써보는 것은 어떨까요?

_____

_____

_____

_____

_____

_____

◇ **01.** 장로인 나는 사랑하는 가이오 곧 내가 참으로 사랑하는 자에게 편지하노라

◇ **02.** 사랑하는 자여 네 영혼이 잘됨 같이 네가 범사에 잘되고 강건하기를 내가 간구하노라

◇ **03.** 형제들이 와서 네게 있는 진리를 증언하되 네가 진리 안에서 행한다 하니 내가 심히 기뻐하노라

◇ **04.** 내가 내 자녀들이 진리 안에서 행한다 함을 듣는 것보다 더 기쁜 일이 없도다

◇ **05.** 사랑하는 자여 네가 무엇이든지 형제 곧 나그네 된 자들에게 행하는 것은 신실한 일이니

◇ **06.** 그들이 교회 앞에서 너의 사랑을 증언하였느니라 네가 하나님께 합당하게 그들을 전송하면 좋으리로다

◇ **07.** 이는 그들이 주의 이름을 위하여 나가서 이방인에게 아무 것도 받지 아니함이라

◇ **08.** 그러므로 우리가 이같은 자들을 영접하는 것이 마땅하니 이는 우리로 진리를 위하여 함께 일하는 자가 되게 하려 함이라

◇ **09.** 내가 두어 자를 교회에 썼으나 그들 중에 으뜸되기를 좋아하는 디오드레베가 우리를 맞아들이지 아니하니

◇ **10.** 그러므로 내가 가면 그 행한 일을 잊지 아니하리라 그가 악한 말로 우리를 비방하고도 오히려 부족하여 형제들을 맞아들이지도 아니하고 맞아들이고자 하는 자를 금하여 교회에서 내쫓는도다

◇ **11.** 사랑하는 자여 악한 것을 본받지 말고 선한 것을 본받으라 선을 행하는 자는 하나님께 속하고 악을 행하는 자는 하나님을 뵈옵지 못하였느니라

◇ **12.** 데메드리오는 뭇 사람에게도, 진리에게서도 증거를 받았으매 우리도 증언하노니 너는 우리의 증언이 참된 줄을 아느니라

◇ **13.** 내가 네게 쓸 것이 많으나 먹과 붓으로 쓰기를 원하지 아니하고

◇ **14.** 속히 보기를 바라노니 또한 우리가 대면하여 말하리라

◇ **15.** 평강이 네게 있을지어다 여러 친구가 네게 문안하느니라 너는 친구들의 이름을 들어 문안하라

Sharing together

■ 성경을 쓰면서 가장 마음에 와닿았던 말씀은 무엇인가요?

_____

_____

_____

_____

■ 진리 안에서 선한 일을 행하고 있나요? 사랑은 친밀함을 나타내는 것이라
   할 수 있는데 나는 내 이웃을 어떻게 대하고 있나요?

_____

_____

_____

_____

_____

5장

사랑에 사랑을 더하다

사랑은 그리스도의 성품으로 지체를 참아 주고 세워 주는 것이고, 진리를 따라 자기를 부인하는 것입니다. 사랑은 영원하고 온전합니다. 사랑은 존재의 목적과 본질이며 존재 자체이기 때문입니다. 이 시대가 종결되어 믿음과 소망이 필요하지 않을 때라도 사랑은 계속될 것입니다. 사랑에 관한 여러 성경 말씀을 쓰며 '나는 지금 사랑하며 살고 있는가?' 되돌아보고 내 안에 사랑을 부어주시도록 구해 보세요.

◇ **01.** 내가 사람의 방언과 천사의 말을 할지라도 사랑이 없으면 소리 나는 구리와 울리는 꽹과리가 되고

◇ **02.** 내가 예언하는 능력이 있어 모든 비밀과 모든 지식을 알고 또 산을 옮길 만한 모든 믿음이 있을지라도 사랑이 없으면 내가 아무 것도 아니요

◇ **03.** 내가 내게 있는 모든 것으로 구제하고 또 내 몸을 불사르게 내 줄지라도 사랑이 없으면 내게 아무 유익이 없느니라

◇ **04.** 사랑은 오래 참고 사랑은 온유하며 시기하지 아니하며 사랑은 자랑하지 아니하며 교만하지 아니하며

◇ **05.** 무례히 행하지 아니하며 자기의 유익을 구하지 아니하며 성내지 아니하며 악한 것을 생각하지 아니하며

◇ **06.** 불의를 기뻐하지 아니하며 진리와 함께 기뻐하고

◇ **07.** 모든 것을 참으며 모든 것을 믿으며 모든 것을 바라며 모든 것을 견디느니라

◇ **08.** 사랑은 언제까지나 떨어지지 아니하되 예언도 폐하고 방언도 그치고 지식도 폐하리라

◇ **09.** 우리는 부분적으로 알고 부분적으로 예언하니

◇ **10.** 온전한 것이 올 때에는 부분적으로 하던 것이 폐하리라

◇ **11.** 내가 어렸을 때에는 말하는 것이 어린 아이와 같고 깨닫는 것이 어린 아이와 같고 생각하는 것이 어린 아이와 같다가 장성한 사람이 되어서는 어린 아이의 일을 버렸노라

◇ **12.** 우리가 지금은 거울로 보는 것 같이 희미하나 그 때에는 얼굴과 얼굴을 대하여 볼 것이요 지금은 내가 부분적으로 아나 그 때에는 주께서 나를 아신 것 같이 내가 온전히 알리라

◇ **13.** 그런즉 믿음, 소망, 사랑, 이 세 가지는 항상 있을 것인데 그 중의 제일은 사랑이라

■ 성경을 쓰면서 가장 마음에 와닿았던 말씀은 무엇인가요?

■ 지식과 지혜와 선행보다 먼저 사랑을 내 안에 가득 채워야 합니다. 사랑이
  없으면 내 삶에 아무 것도 남지 않기 때문입니다. 성경이 말하는 사랑의 여
  러 모습 중 오늘 내가 실천할 수 있는 것은 무엇일까요?

서로 사랑하는 것 외에는

누구에게든지 아무 빚도 지지 마십시오.

남을 사랑하는 사람은

율법을 다 이루었습니다.

롬 13:8, 우리말성경